SUSTAINABLE DEVELOPMENT GOALS 어린이가 꼭 알아야 할 지속가능발전목표

슬기로운 지구 생활

01 기후 행동

글 게리 베일리 | 그림 엘리사 로치
옮김 김영선 | 감수 윤순진

다섯
어린이

지속가능발전목표
다산북스는 유엔의 지속가능발전목표를 지지합니다.

2015년 유엔(UN, 국제연합)은 지구와 우리의 삶에 영향을 미치는 가장 심각한 문제들을 해결하기 위해 '지속가능발전목표'를 세웠어. '지속가능발전'이란 미래를 위해 환경을 보호하고 사회·경제적 자원을 낭비하지 않으면서 현재의 우리 삶을 더 좋은 방향으로 발전시키는 것을 말해. 이를 위해 전 세계가 2016년부터 2030년까지 달성할 17가지 목표를 정한 거야. 지속가능발전목표는 국가뿐 아니라 시민 하나하나가 일상생활에서 노력해야 이룰 수 있어.

온실가스 배출로 인한 기후 위기에 대처하려면 무엇을 해야 할까?

슬기로운 지구 생활을 위해!

- 지구의 평균기온이 산업혁명 전보다 섭씨 1.5도 이상 올라가지 않도록 막기.
- 화석연료를 사용하지 않기.
- 온실가스 배출량과 흡수량을 같게 해서 탄소 중립 달성하기.
- 세계 각국이 탄소 중립을 위해 온실가스를 더 많이 제거하기.
- 화석연료 대신 태양광과 수력, 풍력 등 지속 가능한 재생에너지를 사용하기.
- 가스와 석유 파이프에서 메탄가스가 새지 않도록 관리하기.
- 해마다 대기로 배출되는 메탄의 양을 줄이기 위해 새로운 가축 사육법과 육류 생산법을 개발하기.

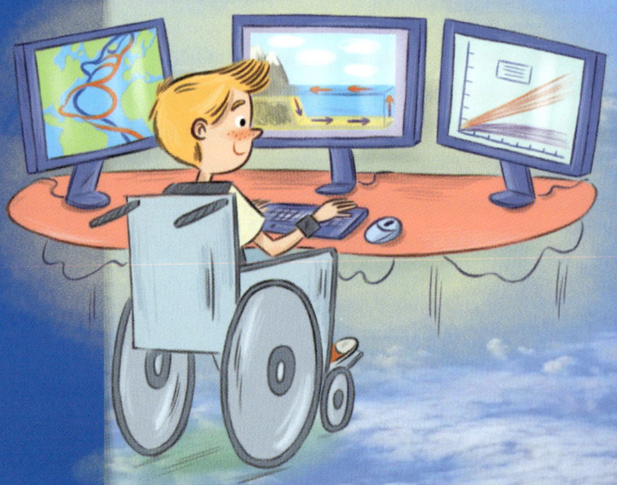

차례

6-7	기후변화에 관한 정부 간 협의체
8-9	치명적인 온실가스
10-11	화석연료 때문이라고?
12-13	파괴되는 땅
14-15	심각한 환경오염
16-17	산불과 들불
18-19	기후변화로 잦아진 홍수
20-21	가뭄 피해
22-23	극지방이 녹고 있어
24-25	다양한 기상이변
26-27	느려진 해류의 영향
28-29	지금 바로 기후 행동
30-31	탄소 중립!
32	성공적인 모범 사례
33	찾아보기

기후변화에 관한 정부 간 협의체

지구온난화는 지구의 기온이 높아지는 현상이야. 그런데 산업혁명이 시작된 1850년 이후 지구의 온도가 아주 빠르게 상승하고 있어. 지금의 심각한 지구온난화가 인간의 활동 때문이라는 뜻이지.

지구의 기온이 오르자 대기와 바다가 따뜻해지고, 눈과 얼음이 줄어들었어. 그리고 해수면(바닷물의 표면)이 상승하고, 대기 중 위험한 온실가스의 양이 늘어났단다.

과학자들은 이런 변화를 멈추기 위해 전 세계가 지금 바로 행동에 나서야 한다며 목소리를 높이고 있어. 그러지 않으면 태풍과 폭염, 가뭄 등 매우 심각한 기후 재앙이 더 자주 일어날 거래.
앞으로 바닷물은 더 따뜻해지고 해수면도 더 높아질 거야. 게다가 극지방의 눈과 얼음이 녹아내리고 홍수가 발생하면서 높이가 낮은 지대와 섬이 물에 잠기리라 예상하고 있어.

해마다 지구의 땅과 바다가 점점 더 파괴되고 있어.

대기 중 이산화탄소(CO_2) 농도
바닷물 온도

지구를 살리기 위해 모두 함께 노력하자!

1988년, 유엔과 193개 회원국은 끔찍한 기후 재앙을 피하기 위해 대책이 필요하다는 사실을 깨달았어. 이제 전 세계가 함께 기후변화를 연구하고 해결책을 찾아야 한다고 뜻을 모은 거야. 그래서 유엔에 기후변화 연구 기관인 '기후변화에 관한 정부 간 협의체(IPCC)'를 만들었어.

'기후변화에 관한 정부 간 협의체'에서는 과학자들이 여러 팀으로 나뉘어 지구의 기후변화에 대해 그간에 발표된 수만 건의 연구 결과를 검토해서 종합한 평가 보고서를 발표하고 있단다.

최근 발표한 여러 보고서에서는 지구 온난화 현상을 늦추지 않으면 기후변화로 인해 수많은 재해가 일어날 거라고 경고했지.

하지만 희망적인 내용도 담겨 있어.
지구의 평균기온이 산업혁명 전보다 섭씨 1.5도 이상 높아지지 않도록 막으면 지구를 구할 수 있다는 거야.

그렇다면 기후변화를 막기 위해 무엇을 해야 할까?
그리고 이미 실천하고 있는 것은 무엇일까?

더 잦아진 태풍

홍수

대기오염

산불

가뭄

치명적인 온실가스

온실가스는 지구 대기에 있는 여러 가스(기체) 중 일부를 가리키는 말이야. 이 가스들이 지구에 다다른 태양열 중 일부를 다시 우주로 나가지 못하도록 막아서 마치 온실처럼 지구의 기온을 높이기 때문에 온실가스라는 이름을 붙인 거야. 온실가스에는 수증기와 이산화탄소, 아산화질소, 메탄 등이 있어. 사실 지구에 생명체가 살 수 있는 것은 태양열을 지구에 가두어 두는 온실가스 덕분이야. 하지만 온실가스가 너무 많아서 지구 표면을 에워싸는 바람에 지구가 위험할 정도로 더워지고 있어.

 이산화탄소와 메탄

지구 대기에 있는 온실가스 가운데 가장 흔한 것이 이산화탄소야. 이산화탄소의 양은 전 세계 온실가스 배출량의 76퍼센트로 가장 큰 비중을 차지하지. 더구나 대기 중에 오랜 기간 머무는 데다 줄이기도 쉽지 않아서 지구온난화에 미치는 영향이 가장 크단다.

메탄은 이산화탄소 다음으로 온실가스에서 차지하는 비중이 높아. 최근 대기에서 메탄이 차지하는 양이 기록적으로 늘어났지. 오늘날 지구온난화 원인의 15.8퍼센트는 인간의 활동으로 만들어진 메탄이 차지할 정도야.

열대지방에서 내리는 비의 양이 증가한 것도 메탄이 발생하는 데 영향을 미치지. 메탄을 만드는 미생물이 빗물에 잠긴 논에서 더 잘 자라거든.

아산화질소 6.2% / 프레온가스 등 2.0% / 메탄 15.8% / 이산화탄소(산림감소와 토지이용변화 등) 10.8% / 이산화탄소 65.2%(화석연료)

출처: IPCC 제5차 평가보고서

사람들이 고기를 많이 먹으면서 소의 수도 매우 늘었어. 그런데 소의 방귀에는 메탄이 들어 있어. 지금도 전 세계 10억 마리의 소가 방귀를 뀌며 메탄을 엄청나게 배출하고 있단다.

가스나 석유 같은 화석연료를 다루는 회사가 오래된 파이프를 교체하거나 수리하는 과정에서 메탄이 새어 나오기도 해.

지구 마을 뉴스

습지나 북극의 영구동토층(항상 얼어 있는 땅)에는 메탄이 많이 갇혀 있어. 그런데 기온이 오르면서 그곳의 메탄이 빠져나오고 있어. 러시아 과학자들이 영구동토에서 화산처럼 푹 꺼진 구덩이를 발견했는데, 땅속에 갇혀 있던 메탄이 폭발하면서 남긴 흔적으로 보고 있어.

메탄양을 줄이는 방법 넷

우리가 현명하게 행동하면 대기에 있는 메탄의 양도 줄일 수 있어.

1. 최근 과학자들이 소의 먹이에 해초를 조금만 섞어도 소의 방귀에서 나오는 메탄이 80퍼센트 넘게 줄어든다는 사실을 발견했어. 우리가 고기를 덜 먹고 음식을 낭비하지 않는 것도 메탄을 줄이는 데 도움이 돼.

2. 화석연료 회사들은 파이프가 새는 곳이 없는지 철저히 확인해야 해. 오래된 파이프는 반드시 새것으로 바꿔야 하지.

3. 전 세계에서 메탄을 가장 많이 배출하는 분야는 석유와 가스 산업이야. 카타르 국영 에너지 회사는 이 문제를 심각하게 받아들였어. 이 회사는 메탄이 주성분인 천연가스를 취급하는데, 메탄 배출량을 80퍼센트 이상 줄이기로 약속했단다.

4. 2021년 영국 글래스고에서 열린 당사국 총회에서 우리나라를 비롯한 많은 국가들이 '국제메탄서약'에 참여했어. 2030년까지 전 세계 메탄 배출량을 2020년 대비 30퍼센트 줄이기로 약속한 거야.

화석연료 때문이라고?

자동차부터 가스레인지까지 대부분의 기계는 석탄이나 석유, 천연가스 같은 연료를 이용해 작동하고 있어. 이런 천연연료는 수백만 년 전에 살다 죽은 동식물이 땅속에서 압력을 받아 화석이 되었다가 시간이 흐르면서 석탄과 석유, 가스로 변한 것이기 때문에 화석연료라고 부른단다.

사람들은 땅속에 묻힌 천연자원을 파내 연료로 사용했어.

지금은 화석연료를 태울 때 나오는 이산화탄소를 비롯한 여러 온실가스 때문에 지구온난화가 진행되었다는 사실을 알게 되었지.

지구온난화는 현재 위험한 수준에 다다랐어. 전 세계에서 해마다 약 500억 톤의 온실가스가 배출되고 있어. 그중 약 74퍼센트가 에너지와 관련되어 있단다.

다른 에너지 10%

제조업 21%

교통수단 14%

건 6

현대 산업은 화석연료를 너무 많이 사용하고 있어. 전체 온실가스의 23.6퍼센트가 산업 분야에서 발생하지.

비행기는 같은 거리를 차로 이동할 때보다 1인당 온실가스 배출량이 훨씬 많아. 그래서 프랑스는 기차로 2시간 30분 이내 거리는 비행기를 이용하지 못하도록 하고 있어.

경제 부문별 온실가스 중 14퍼센트가 자동차와 버스, 화물트럭과 화물열차 등 교통수단에서 발생하고 있어.

경제 부문별 온실가스 배출량

**전기 및 열 생산
25%**

**농업과 임업 및 토지를
이용하는 활동
24%**

가공하기 위해 컨베이어로 옮겨지는 석탄.

땅속 유전에서 석유를 퍼 올리는 기계.

전체 온실가스 중 73.2퍼센트는 석탄과 가스, 석유를 연료로 사용할 때 발생하고 있어.

전체 온실가스 가운데 18.4퍼센트는 농업과 축산업, 임업처럼 땅을 이용하는 산업에서 나와. 그중 약 4분의 1은 식량을 생산할 때 만들어지지.

건축 산업에는 에너지가 아주 많이 사용되는데 이때 발생하는 이산화탄소가 4,000만 톤이 넘어.

농업은 지구온난화의 영향을 직접 받고 있어. 탄소 배출로 인한 지구온난화 때문에 기후가 엄청 많이 변하면서 농작물이 죽고 있거든.

파괴되는 땅

'기후변화에 관한 정부 간 협의체'는 나무를 더 많이 심으라고 권장하고 있어.

나무는 탄소가 대기로 빠져나가지 않도록 저장하는 한편, 광합성을 통해 대기의 이산화탄소를 없애기도 하거든. 그러니까 자라는 나무를 베지 않는 것도 중요하겠지?

농업이나 축산업 등 여러 산업에 사용할 땅을 넓히기 위해 전 세계에서 매년 150억 그루씩 나무를 베고, 습지와 이탄지(나뭇가지와 잎 등 식물의 잔해가 완전히 분해되지 않고 쌓여서 만들어진 토지)를 마구 개간하고 있어. 그런데 숲보다 더 많은 탄소를 저장하는 게 바로 습지와 이탄지야. 지구의 토양이 흡수하는 탄소 가운데 42퍼센트를 습지와 이탄지가 맡고 있단다.

 ## 사라지는 숲과 습지

나무는 대기에 있는 이산화탄소를 흡수해서 저장하지. 그런데 우리는 나무를 너무 함부로 베고 있어. 1990~2015년에 300만 제곱킬로미터나 되는 숲이 사라졌을 정도야.

늪이나 연못, 강, 호수 지역의 축축한 땅을 습지라고 해. 습지에는 다양한 미생물과 식물, 곤충, 조류, 양서류, 어류, 포유류가 살고 있어. 습지는 토양과 주변의 식물 속에 탄소를 저장해서 대기 중 이산화탄소를 줄여 주지. 그런데 지구의 많은 습지가 이미 사라져 버렸단다.

식물이 죽은 뒤 분해되면서 유기물로 변할 때 나오는 탄소는 땅속, 즉 토양에 갇히게 돼. 그런데 토양이 이 일을 영원히 할 수 있는 것은 아니야. 수천 년 동안 그 일을 하다 보면 토양도 탄소를 저장하는 능력을 잃게 돼. 그래서 토양이 탄소를 더 잘 가둘 수 있도록 우리가 도와야 하지. 같은 땅에서 재배하는 농작물의 종류를 자주 바꾸는 것도 좋은 방법이야.

탄소 배출

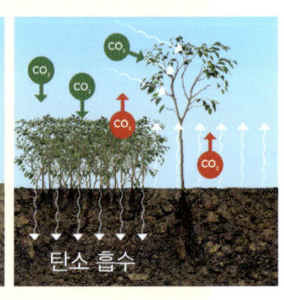
탄소 흡수

조림은 새로운 장소에 나무를 심어 숲을 만드는 거야. 재조림은 나무를 베어 내고 다른 용도로 쓰던 땅에 다시 나무를 심는 것을 말하지.

지구 마을 뉴스

파괴된 땅을 되살리는 방법 넷

우리가 함께 노력하면
땅의 질을 높이고 자연환경 전체를
예전으로 되돌릴 수 있어.

1. 세계에서 나무를 가장 많이 심은 나라는 중국이야. 광둥성에서만 40년 동안 50억 그루를 심었지. 11세 이상의 중국 국민은 누구나 1년에 최소한 나무 한 그루를 심어야 한대.

2. 페루는 아마존의 열대우림을 통해 70억 톤에 달하는 탄소를 저장하는 나라야. 과학자들이 이 넓은 지역의 지도를 만들어 탄소 보유량의 변화를 관찰하고 있어.

3. 영국은 해초의 씨앗을 담은 주머니 1만 6,000개를 해저목장에 심고 있어. 해초는 열대우림의 나무보다 35배나 많은 탄소를 저장할 수 있거든.

4. 미국과 스페인에서는 탄소를 다시 가둘 수 있도록 습지를 되살리는 중이야.

심각한 환경오염

'기후변화에 관한 정부 간 협의체'의 자료에 따르면, 화석연료를 사용하면서 발생한 환경오염 때문에 해마다 수백만 명이 사망하고 있어. 하루빨리 해결책을 찾아야 하지만 환경문제를 해결하는 데는 돈이 많이 들어. 가난한 나라들은 돈과 자원이 부족해서 당장 코앞에 닥친 환경문제를 해결하기 어려운 상황이야.

 오염된 지구

공장과 자동차에서 배출되거나 화재로 발생하는 대기오염 물질에는 크기가 매우 작은 것도 섞여 있어. 어찌나 작은지 사람들의 폐와 혈관 속까지 들어가 심각한 질병을 일으킬 정도란다.

대도시와 그 주변에 쌓이는 쓰레기도 심각한 문제야. 어떤 쓰레기는 천천히 썩으면서 건강에 해로운 냄새를 풍기고 더러운 물을 만들어 내. 유리나 깡통은 잘 분해되지 않는데다 주변에 널려 있으면 위험하지.

수질오염은 대부분 가정이나 공장에서 시작돼. 가정에서 사용한 더러운 물이 곧바로 강으로 흘러가기도 하고, 공장에서 화학물질이나 독성이 많은 물이 종종 배출되거든. 또한 플라스틱 쓰레기는 바다를 계속 떠돌며 바다 생물을 죽음으로 몰아넣는단다.

가장 큰 골칫거리는 플라스틱 쓰레기야. 그래서 많은 단체들이 각 나라가 플라스틱 쓰레기를 어떻게 처리하는지 꼼꼼히 감시하고 있어. 이 단체들이 보고한 내용을 살펴볼까?

- 전 세계 모든 플라스틱 쓰레기 가운데 재활용되는 건 8퍼센트뿐이야.
- 미국에서는 플라스틱 쓰레기의 63퍼센트가 쓰레기 매립장에 쌓이지.
- 유럽에서는 플라스틱 쓰레기 중 41퍼센트를 불로 태워.
- 동남아시아에서는 플라스틱 쓰레기 가운데 74퍼센트가 전혀 관리되지 않고 있어.

환경오염을 줄이는 방법 셋

환경오염을 막을 방법은 많아. 우리가 생각을 조금만 바꿔도 세상은 달라질 수 있어.

1. 덴마크는 환경오염을 줄이기 위해 열심히 노력해 왔어. 거대한 풍력발전 단지를 세워서 바람으로 에너지를 생산하는 것도 그 때문이야.

2. 쓰레기는 토양과 수질 오염의 주된 원인이야. 세계은행은 전 세계의 대기질과 수질, 폐수 처리 정도와 탄소 배출량을 모아 '왓어 웨이스트(What a Waste)'라는 데이터베이스를 만들었어. 환경을 보호하는 방법을 찾을 때 이 정보를 활용할 수 있단다.

3. 뉴질랜드에서는 안전하지 않은 미세 입자 대기오염에 노출되는 사람이 전혀 없어. 뉴질랜드 육지와 해양의 30퍼센트가 보호구역으로 지정되어 있거든. 30퍼센트라는 보호구역 수치는 환경을 보호하기 위해 최선을 다하는 나라 가운데에서도 가장 높은 수준이야.

산불과 들불

기후가 변하고 지구온난화로 더운 계절이 길어지면서 지구의 풀과 나무가 건조해졌어. 메마른 나뭇잎과 나뭇가지는 불이 잘 붙기 때문에 산불과 들불에 약한 상태가 된 셈이야.

산불이나 들불이 나면 재산 피해를 입을 뿐 아니라 환경이 심각하게 오염되고 생명까지 위협받을 수 있어. 산불과 들불은 우연히 일어나기도 하지만 사람이 일부러 불을 지르는 경우도 있단다. 이런 몰지각한 사람은 엄청난 벌금을 내거나 감옥에 갇히게 돼.

산불과 들불의 원인

산불과 들불은 대개 사람들의 무책임한 행동 때문에 시작돼. 모닥불을 피우거나 담배꽁초를 버리거나 불꽃놀이를 하는 등 야외에서 불을 쓰는 모든 행동이 불씨를 남길 수 있어. 그리고 작은 불씨는 순식간에 큰불로 번지기 쉽단다.

농촌에서는 농작물을 수확한 다음 남아 있는 작물과 잡초, 해충을 없애기 위해 논밭에 불을 지르기도 해. 또 농사를 짓기 위해 나무를 쉽게 없애려고 불태우는 경우도 있어. 이때 불을 제대로 관리하지 않으면 눈 깜짝할 새에 큰불로 번진단다.

자연현상 때문에 우연히 불이 나기도 하지. 예를 들어, 나무처럼 불이 잘 붙는 물체에 번개가 내리치면 몇 초만에 불길이 치솟을 수 있어.

한 번 더 생각해 보기

최근 '기후변화에 관한 정부 간 협의체'의 보고서에 따르면 전 세계의 산불과 들불은 대부분 사람 때문에 일어난대. 모닥불을 피우는 건 재미있고 낭만적인 일이야.

하지만 실수로 큰불을 내고 싶지 않다면 모닥불이 살아 있는 내내 잘 지켜봐야 하지. 불이 꺼지기 시작했더라도 불씨가 완전히 사라질 때까지 마음을 놓으면 안 돼.

화재를 예방하는 방법 넷

지구에서 산불과 들불을 줄일 수 있는 방법을 알아보자.

1. 인도네시아는 농부들이 농지를 만들려고 울창한 숲에 불을 지르는 등 원시림을 개간하는 것을 막기 위해 '카팅안프로젝트'라는 사업을 벌이고 있어. 농민들에게 토지의 탄소배출권을 판매하는 대가를 지불하는 거지. 덕분에 지금까지 이산화탄소가 배출되는 양을 3,700만 톤 이상 줄이고, 오랑우탄 등 멸종 위기 동물의 서식지인 습지를 2,000제곱킬로미터 이상 보호했단다.

2. 방화선으로 불이 더 번지는 것을 막을 수 있어. 방화선은 불에 탈 만한 것을 모두 없앤 다음 일정 부분 비워 두는 땅이야. 불이 나면 방화선을 서둘러 넓히기도 해.

3. 호주의 사우스오스트레일리아주에 있는 모든 국립공원에서는 야외에서 불을 피우는 것을 금지하고, 액체연료와 가스난로를 사용하지 못하도록 하고 있어. 캐나다의 앨버타주에 있는 59개 주립공원에서도 같은 규정을 두었지.

4. 주의사항을 잘 지키기만 하면 야영지에서도 안전하게 모닥불을 피울 수 있단다.

기후변화로 잦아진 홍수

호수나 강, 바다에서 둑이나 경계선 밖으로 물이 넘치면 홍수가 일어나. 홍수는 집과 마을을 파괴하고 생명을 빼앗을 정도로 위험하지. 그런데 전 세계적으로 홍수로 인한 피해가 점점 더 심각해지고 있어.

온실가스 배출량이 늘고 지구온난화와 기후변화가 진행되면서 일부 지역의 강우량(비가 내리는 양)이 19퍼센트 증가하고, 폭우가 발생하는 횟수도 최대 9배나 늘었어. 홍수도 더 자주 발생하고 그 파괴력도 더욱 세지고 있지.

홍수 피해

2020년, 재앙 같은 홍수가 유럽 곳곳을 덮쳤어. 독일의 한 지역에는 48시간 동안 1제곱미터당 148리터라는 엄청난 비가 쏟아졌는데, 이건 평소 강우량보다 2배가 넘는 양이래.

구름은 대기가 따뜻할수록 더 느리게 움직여. 요즘에는 지구온난화 때문에 구름의 이동 속도가 줄어들면서 구름이 더 많은 물방울을 품게 되었어. 그래서 비가 더 세차고 오래 쏟아지는 거야.

폭우가 내린 뒤에는 느닷없이 무시무시한 산사태가 일어날 수 있어. 물에 젖어 무거워진 흙과 돌이 비탈에서 한꺼번에 무너져 내리는 것이지.

'기후변화에 관한 정부 간 협의체'는 지구온난화를 최대한 낮은 수준으로 유지하지 못하면 무서운 일이 벌어질 거라고 경고했어. 바다가 따뜻해지면서 부피가 늘어나고, 극지방의 얼음이 녹으면서 해수면이 올라갈 거야. 그러면 홍수가 일어나 전 세계 해안가의 저지대가 위험에 처하겠지. 말레이시아의 마불섬은 완전히 잠길지도 몰라.

홍수 피해를 줄이는 방법 셋

당연히 홍수를 막을 방법도 있어. 재난을 피하려면 지금 바로 행동에 나서야 해.

1. 인도네시아는 바닷물이 도시로 넘치는 것을 막기 위해 자카르타에 높이가 4미터나 되는 제방을 세웠어.

2. 해수면이 높아지면서 태평양 지역의 여러 섬나라가 잠길 위험에 처했어. 600개 이상의 작은 섬나라로 이루어진 미크로네시아를 비롯해 피지와 키리바시, 나우루, 팔라우, 파푸아뉴기니, 마샬제도, 사모아, 솔로몬제도, 통가, 투발루, 바누아투는 홍수 대책을 마련하기 위해 힘을 합치고 있어.

3. 방글라데시 북부는 홍수가 잦은 지역 중 하나야. 그러다 보니 토양의 질이 나빠져서 농부들은 쌀과 밀, 담배 대신 옥수수를 재배하기 시작했어. 옥수수는 모래가 많은 흙에서도 아주 잘 자라서 이 지역 사람들은 안정적으로 수입을 올리게 되었단다.

가뭄 피해

지구 기온이 오르면서 따뜻한 지역이 많아지고 여름이 길어지자 땅이 건조해졌어. 강도 줄어들면서 강가에서 농사를 짓거나 배를 타고 오가는 사람들의 삶이 팍팍해졌지.

물은 정말 소중해. 물 없이 살 수 있는 생명체는 없잖니? 지구에는 바닷물이 차고 넘치지만, 정작 소금기가 없어 마시거나 생활에 쓸 수 있는 담수는 생각보다 아주 적단다.

 **물이 줄어든다면?**

물이 부족하면 땅이 말라서 식물의 뿌리가 물과 영양분을 제대로 흡수하지 못해. 농작물이 잘 자라지 않으면 가축이 굶주리게 되고, 곳곳에서 사람이 먹을 식량이 빠르게 부족해지지. 전 세계적으로 해마다 약 5,500만 명이 가뭄의 영향을 받는다고 해.

오랫동안 비가 내리지 않아서 대기가 극도로 건조해질 때 가뭄이 발생하지. 지구온난화로 따뜻해진 대기가 땅이 머금은 수분을 모두 빨아들여서 식물과 농작물이 잘 자랄 수 없는 상태로 만드는 거야.

세계 곳곳에서 몸을 씻고 요리를 하는 데 꼭 필요한 물을 구하기 위해 줄을 길게 서서 기다리고 있는 사람들을 볼 수 있어.

물이 아예 없거나 부족하면 강이 실개천처럼 폭이 좁아지고 저수지와 호수는 바닥을 드러내. 이란의 호수 우르미아호와 중앙아시아의 아랄해는 물이 계속 줄어들어서 원래 크기의 10퍼센트만 남았을 정도야.

폴란드의 바르샤바를 가로지르는 비스와강은 바닥이 보일 정도로 물의 높이가 낮아졌어.

가뭄 피해를 줄이는 방법 셋

세계 여러 나라와 자선단체들이 가뭄의 피해를 막기 위해 힘을 합치고 있어.

1. 선진국의 대도시도 물 부족 현상을 겪을 수 있어. 미국의 로스앤젤레스는 수백 킬로미터나 떨어진 곳까지 송수관을 연결해서 물을 공급받고 있어.

2. 세계은행은 농촌 지역에 물을 안정적으로 공급하고 토양을 보호하기 위해 '프로더모'라는 활동을 펼치고 있어. 이 사업으로 아프리카 지부티의 네 지역에 가축을 공동으로 놓아기르는 방목지를 18개나 만들었지.

3. 프로더모는 물을 공급하는 시설을 세우고 개선하는 일도 지원하고 있어. 물탱크와 저수지, 시추공(물을 찾기 위해 땅에 뚫은 구멍), 우물과 작은 댐 등을 116개 이상 만들었지. 이로써 가정과 논밭에 대는 물을 비롯해 가축과 야생 동물이 이용할 물을 약 200만 세제곱미터나 공급했단다.

극지방이 녹고 있어

지구의 거의 모든 지역이 지구온난화를 겪고 있지만, 북극과 남극은 다른 어느 곳보다 빠른 속도로 따뜻해지고 있어. 북극에 있는 그린란드와 남극대륙 주변의 얼음은 평소보다 5배나 빨리 녹는 중이야.

물이 따뜻해지면 부피가 늘어나. 실제로 지구온난화 때문에 수면으로부터 깊이 약 2킬로미터까지의 바닷물이 팽창하고 있고, 극지방의 바다는 빠르게 변하고 있어. 이런 변화는 지구와 지구에 사는 사람들에게 다양한 방식으로 영향을 미친단다.

이동하는 어류

해빙(바닷물이 얼어서 생긴 얼음덩어리)이 줄어들고 바닷물이 따뜻해지자 대서양대구와 해덕대구, 고등어 같은 어류는 새 번식지를 찾기 위해 더 북쪽으로 이동해야 했지.

높아지는 기온

과학자들은 지난 20년 동안의 북극 기온 상승 폭이 지구 평균의 2배가 넘는다고 밝혔어. 해빙과 쌓여 있던 눈이 녹는 것도 극지방이 따뜻해지는 원인이 되었지.

바다의 산성화

기체는 찬물에 잘 녹아. 그래서 차가운 북극해와 남극해가 대기의 이산화탄소를 흡수하는 역할을 하지. 그런데 이산화탄소의 양이 너무 많아 바닷물이 산성화되는 게 문제야. 산성화된 바닷물이 조개껍데기나 산호, 물고기의 뼈를 녹이면서 남극해에서 해양 생물이 줄어들고 있어.

얼음의 감소를 보여 주는 북극 지도.

얼음의 감소를 보여 주는 남극 지도.

남극해

최근에 북극과 남극의 바닷물이 모두 따뜻해지고 있지만, 남극대륙을 둘러싼 남극해가 훨씬 더 빨리, 더 큰 폭으로 온도가 상승하고 있어. 태양열을 반사하는 남극대륙과 달리 남극의 바닷물은 태양열을 흡수하는데, 이 때문에 바다의 얼음이 녹고 있어.

서식지 파괴

오늘날 야생 북극곰은 약 3만 1,000마리 정도 남아 있는데 그마저도 아주 위험한 상황에 처했어. 빙하가 녹으면서 서식지가 줄어든데다 사냥꾼에 쫓기고, 사람들이 석유와 천연가스를 개발하면서 생존의 위협을 받고 있지.

녹아내리는 빙하

북극의 그린란드를 덮은 빙하가 어느 때보다 빨리 녹고 있어. 여름이면 특히 더 심하지. 뿐만 아니라 서남극 빙하 지역의 얼음도 계속 얇아지고 있어. 두 극지방에서 빙하가 녹으면서 지구의 해수면도 최고로 높아진 상태야.

영구동토층의 가스

기온이 오르자 지구 북쪽의 영구동토층이 가두었던 메탄과 이산화탄소가 빠져나오고 있어. 이 때문에 대기에 온실가스가 더 많아지는 거야.

다양한 기상이변

폭염과 가뭄, 산불이 점점 더 잦아지고 과거와 아주 다른 기상 현상, 즉 기상이변도 자주 일어나고 있어. 전 세계 거의 모든 나라가 여기에 나오는 자연재해를 해마다 최소 한 번은 겪을 정도야. 자연재해가 일어나면 집은 물론이고 목숨까지 잃을 수 있어. 파괴된 삶의 터전을 복구하려면 돈도 무척 많이 들지.

'기후변화에 관한 정부 간 협의체'는 지구온난화를 해결하지 못하면 자연재해가 계속 늘어날 거라고 경고했어. 그래서 **지구의 평균기온이 산업혁명 전보다 섭씨 1.5도 이상 높아지지 않도록 막아야 한단다.** 1.5도 이상 올라가면 기상이변이 폭발적으로 증가하여 지구에 큰 위기에 닥칠 수 있기 때문이지. 현재 산업혁명 전보다 섭씨 1.1도 정도 높아진 상태로, 1.5도까지는 얼마 남지 않았단다.

지구온난화로 대기가 따뜻해지면서 구름의 이동 속도가 아주 느려졌어. 그러다 보니 구름이 물방울을 많이 머금어서 폭우가 내리고 심각한 홍수가 자주 일어나게 된 거야.

태풍이 더 많이 발생하는 것도 기상이변이야. 대서양 남부처럼 따뜻한 바다 위에서 만들어지는 태풍은 엄청난 피해를 입히지. 태풍은 대기가 따뜻할수록 강력해져서 바람이 더욱 거세고 비가 더 많이 내리는 경향이 있어.

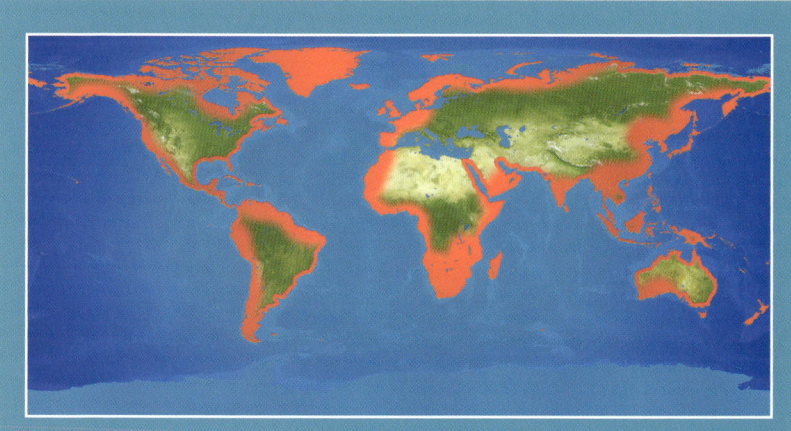

이 지도는 해수면이 많이 높아지면 바다에 잠길 지역을 표시한 거야. 온실가스의 양이 계속 증가할 때 벌어지는 최악의 상황이지.

원래 따뜻했던 지역의 기온이 더 오를 때 가뭄이 발생할 확률이 높아. 가뭄이 들면 식물이 말라 죽어서 농사도 엉망이 되지. 슬프게도 지구의 많은 숲이 사막으로 변하고 있단다.

토네이도는 육지나 바다에서부터 하늘의 구름으로 이어지며 기다란 깔때기 모양으로 소용돌이치는 강력한 바람이야. 과학자들은 지구의 온도가 올라가면 토네이도가 더 많이 발생할 거라고 내다봤어.

사막에 강한 바람이 몰아치면 먼지 폭풍이 일어나. 먼지 폭풍은 사람과 동물의 폐를 망가뜨리고 재산에도 막대한 피해를 입히지.

벼락도 사람들에게 큰 피해를 주는 기상 현상이야.

2021년에는 전 세계 곳곳에서 산불과 들불이 일어났어. 내리치는 번개와 사람의 무책임한 행동 때문에 생긴 불씨에 지구온난화로 바짝 마른 식물은 최고의 연료가 되었기 때문이야. 이 때문에 아주 넓은 지역이 불에 타서 동물의 서식지와 사람의 거주지가 사라져 버렸단다.

느려진 해류의 영향

과학자들도 이미 바다의 온도와 해수면이 상승하고 있다는 사실을 잘 알고 있어. 현재 약 17만 세제곱킬로미터나 되는 빙하가 녹고 있는데, 이게 다 녹으면 해수면이 50센티미터쯤 올라갈 거래.

극지방의 빙하가 녹으면서 큰 바다의 해류(바닷물의 흐름)가 느려졌어. 느려진 해류는 날씨에 직접 영향을 미치는 공기의 흐름, 다시 말해 기류를 바꾼단다.

 해류가 위험해

멕시코만류는 대서양에서 북아메리카의 동쪽 해안을 따라 북쪽으로 흐르는 세계 최대의 해류야. 이 해류는 따뜻하고 소금기 많은 열대지방의 물을 북쪽으로 보내고, 북쪽의 차가운 물을 남쪽으로 옮기지. 지구의 기후 시스템에서 아주 중요한 역할을 하는 거야.

그런데 멕시코만류의 속도가 점점 느려지고 있어. 이렇게 느린 것은 거의 1,600년 만에 처음이래.
그래서 예전보다 더 따뜻해진 바닷물이 멕시코만류의 흐름을 따라 북쪽으로 가지 못하고 미국 동쪽 해안에 머물게 된 거야.
이 때문에 대서양의 해수면이 올라가고, 지구의 북쪽 지역에 더 차갑고 강력한 폭풍이 일어날 가능성이 커졌어. 또한 비가 내리는 것에도 영향을 미쳐서 아프리카와 남아메리카, 인도 등의 농사에 큰 피해를 입힐 거래.

제트기류는 아주 높은 하늘에서 거의 수평으로 좁고 빠르게 이동하는 공기의 흐름이야. 주로 서쪽에서 동쪽으로 빠르게 흐르면서 지구의 대기를 순환시키지.
그런데 극지방이 더워지자 제트기류의 속도가 느려졌어. 제트기류는 느리게 움직일수록 비를 많이 모으기 때문에 더 오래, 더 많은 비를 퍼붓는 폭풍이 몰아쳐서 심각한 홍수가 일어나게 되지.

따뜻한 물은 식으면서 아래로 내려가고, 차가운 물은 따뜻해지면서 위로 올라가.
해류와 기류는 지구에서 일정한 속도로 움직이면서 특정 지역의 기후를 결정하지. 긴 세월 동안 세계 여러 나라는 안정된 기후 속에서 발전했어. 하지만 지금은 기후가 빠르게 변하고 있고, 앞으로 더 많이 바뀔 거야.

따뜻한 물과 차가운 물을 순환시키는 멕시코만류.

기후 재앙 해결책 셋

수많은 과학자가 발전된 기술로 제트기류를 관찰하면서 기후 재앙을 막기 위해 노력하고 있어.

1. 현재 '정지궤도 환경위성'이라는 특수한 인공위성으로 제트기류의 움직임을 추적 중이야. 이 인공위성은 수만 킬로미터 상공에서 지구 주위를 돌면서 해수면이 겨우 몇 센티미터 변하는 것도 알아차린단다.

2. 기상 전문가들은 이탈리아 북부에 있는 프레세나빙하가 녹지 않도록 빙하에 거대한 흰색 방수포(물이 스며들지 못하도록 만든 천)를 덮는 방법을 생각해 냈어. 방수포가 햇빛을 반사해서 빙하가 녹는 것을 막는다는 거야.

3. 지구 곳곳에서 내리는 비를 모두 관측하는 위성 시스템도 있어. 바로 '전구강수관측(GPM)'인데, 이 용도로만 쓰는 핵심 인공위성 하나와 다른 인공위성들에게서 받은 자료를 모아 30분마다 어느 지역에서 비가 얼마나 내리는지 분석하고 있지.

지금 바로 기후 행동

'기후변화에 관한 정부 간 협의체'의 기후변화 보고서 속 중요한 내용을 정리하면 다음과 같아.

- 기후변화는 빠른 속도로, 강력하고 광범위하게 일어나고 있어. 따라서 이에 대처하는 것은 우리 모두의 책임이야.
- 기후변화는 먼 훗날의 문제가 아니야. 지금 바로 여기서 일어나고 있고, 지구의 모든 지역에 영향을 끼치고 있어.
- 앞으로 일어날 가능성이 매우 높거나 90~100퍼센트 확실히 발생할 심각한 기후 문제가 42개나 된다고 해.

지구온난화

- 메탄은 그 어느 때보다 심각한 지구온난화를 일으키고 있어.
- 지구의 기온은 산업혁명 전보다 벌써 섭씨 1.1도 높아졌는데 그중 0.3도는 메탄 때문이야.
- 석유와 가스 산업뿐 아니라 농업과 축산업 때문에 발생하는 메탄의 양을 빨리, 그것도 아주 많이 줄여야 해.

우리의 책임

- 인간의 활동으로 배출된 오염 물질이 기상이변과 자연재해를 일으킨다는 과학적인 증거가 많아.
- 이 문제의 해결책을 찾는 건 우리 모두의 의무야.

섭씨 1.5도까지만

- 2030년까지 탄소 배출량을 절반으로 줄여야 해.
- 2050년까지 탄소 중립을 이루어야 하지.
- 현재의 탄소 배출량을 유지하면 2040년에 지구 기온의 상승폭이 섭씨 1.5도에 다다를 거야.
- 지구 기온이 섭씨 1.5도 이상 올라가지 않도록 막으면 21세기가 끝나기 전에 온난화 수준이 안정화될 수 있어.

과학
- 기술의 발전으로 더 친환경적인 해결책을 찾아낸다면 온실가스의 배출량을 더 많이 줄일 수 있을 거야.
- 나무를 심으면 공기 중 이산화탄소를 흡수할 수 있어.
- 농사짓는 방법을 개선하고, 환경을 위해 생활방식이나 먹는 음식을 조금 바꾸는 것도 메탄 배출량을 줄이는 데 도움이 돼.

해수면 상승
- 우리가 아무리 노력해도 해수면은 결국 계속 높아질 거야.
- 지구의 기온이 1.5도만 올라가도 해수면이 2~3미터 상승하지.
- 2150년에는 해수면이 5미터까지 올라갈 수 있어.
- 바다가 따뜻해지고 높아지면 기상이변이 발생해.

기상이변
- 우리는 이미 다양한 기상이변을 겪고 있어.
- 이제 강력한 태풍과 폭우, 홍수, 가뭄, 산불이 더 잦아질 거야.

기후 행동
- 기후 행동은 지구의 기후변화에 관심을 가지고 기후변화를 막기 위해 노력하는 것을 말해. '기후변화에 관한 정부 간 협의체'의 최근 연구는 각 나라의 정부가 기후 행동에 나서지 않았을 때 벌어질 일에 대해 더 강력하고 확실하게 경고하고 있어.
- 화석연료를 사용하는 모든 기업과 전 세계 정부에게 기후 비상사태에 대한 직접적인 책임을 물어야 할 때야.

이게 바로 우리의 미래야!

탄소 중립!

'기후변화에 관한 정부 간 협의체'는 지구를 위해 우리 모두가 노력해야 할 일 중에서도 탄소 중립을 가장 중요하게 여기고 있어. 탄소 중립은 대기로 배출하는 이산화탄소를 최대한 줄이고, 그래도 배출되는 이산화탄소를 다시 흡수해 결국 이산화탄소 배출량을 0으로 만드는 거야.

'기후변화에 관한 정부 간 협의체'의 보고서에는 탄소 중립을 달성하는 방법과 탄소 중립을 이루지 못했을 때 펼쳐질 위험한 미래가 쓰여 있단다.

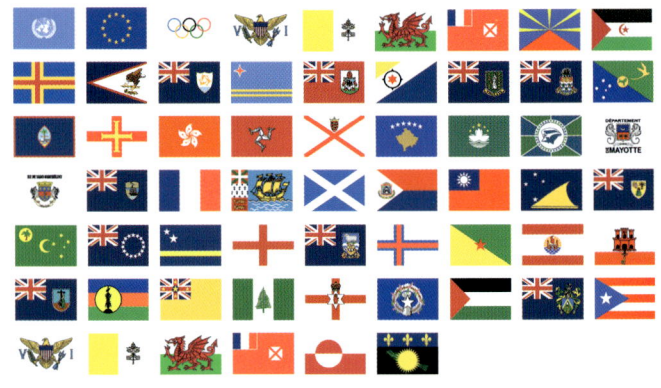

유엔과 유엔의 목표를 지지하는 단체와 지역.

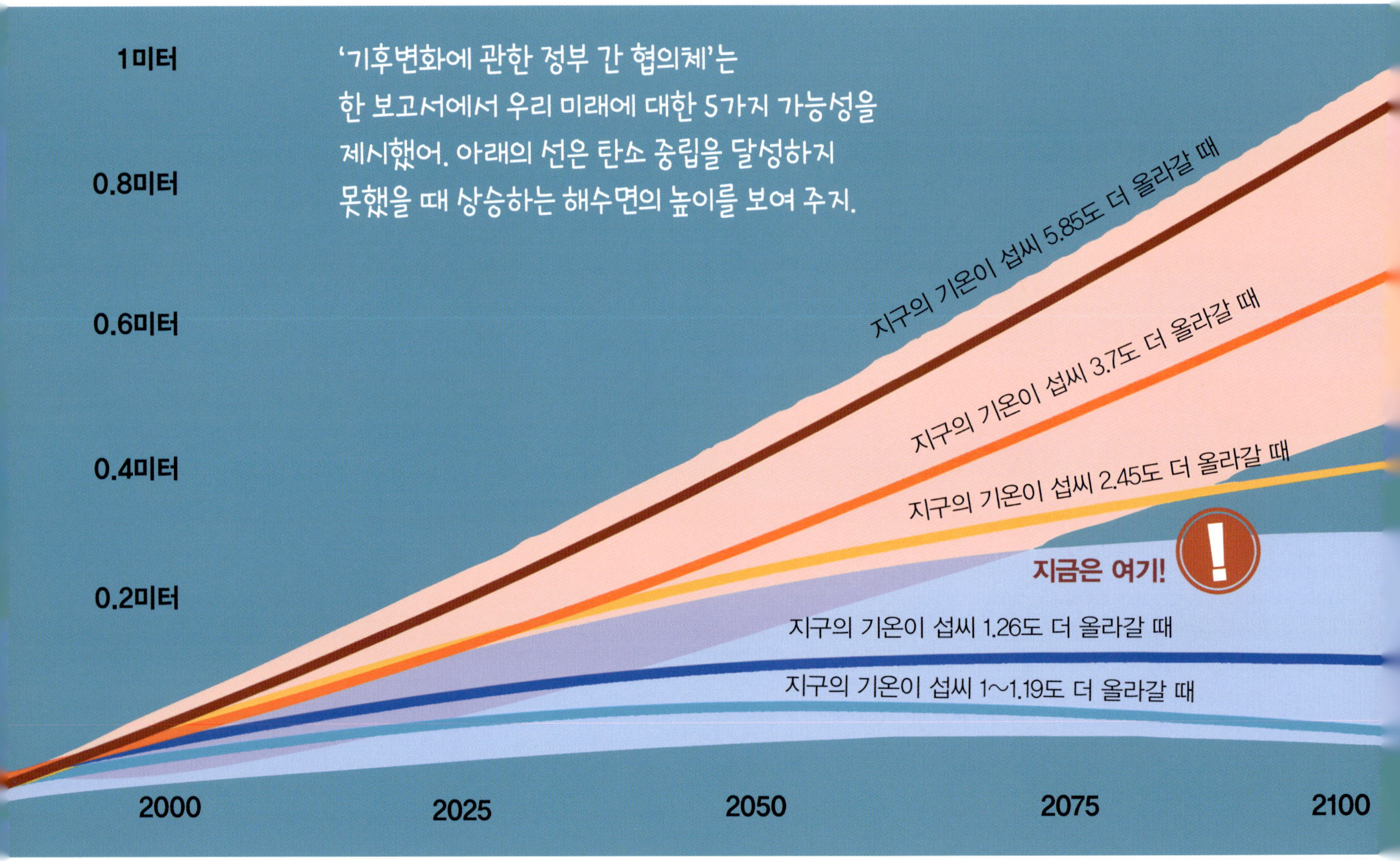

1미터
0.8미터
0.6미터
0.4미터
0.2미터
'기후변화에 관한 정부 간 협의체'는
한 보고서에서 우리 미래에 대한 5가지 가능성을
제시했어. 아래의 선은 탄소 중립을 달성하지
못했을 때 상승하는 해수면의 높이를 보여 주지.
지구의 기온이 섭씨 5.85도 더 올라갈 때
지구의 기온이 섭씨 3.7도 더 올라갈 때
지구의 기온이 섭씨 2.45도 더 올라갈 때
지금은 여기!
지구의 기온이 섭씨 1.26도 더 올라갈 때
지구의 기온이 섭씨 1~1.19도 더 올라갈 때
2000
2025
2050
2075
2100

유엔의 193개 회원국.

5. 상상하기도 싫은 최악의 상황! 해수면이 끔찍하게 높아져서 전 세계 많은 지역이 물에 잠길 거야.

4. 지구의 기온이 섭씨 3도 이상 오르면 세계적으로 식량이 부족해지고, 지금보다 훨씬 심한 폭염과 폭우가 일어나고, 홍수 때문에 엄청난 피해가 발생할 거야.

3. 지금보다 탄소 배출량을 더 열심히, 더 빨리 줄이지 않으면 우리에게 곧 닥칠 현실이야. 지금보다 심한 기상이변이 훨씬 더 자주 일어날 거야.

2. 우리가 노력하더라도 그 속도가 빠르지 않으면 마주할 미래야. 2050년이 되면 지구 인구는 90억 명이 넘고, 지구 기온도 계속 높아질 거야. 해수면이 상승해 해안가의 집들이 물에 잠기면 1,000만 명이 집을 잃게 된단다.

1. 우리가 화석연료 대신 오염 물질이 발생하지 않는 청정에너지를 사용하더라도 지구의 기온은 계속 오를 거야. 그에 따라 폭염과 폭우도 잦아질 테고. 그러니까 기후변화를 막기 위해 최선을 다해야 하지.

지금 우리는 2번과 3번 사이에 있어. 우리가 지금 어떻게 하느냐에 따라 미래가 달라질 거야.

아무것도 하지 않은 채 최악의 상황을 맞이해야 할까?

아니면 미래를 위해 지금 바로 행동에 나서서 안전한 지구를 만들어야 할까?

성공적인 모범 사례

많은 나라들이 기후변화를 막기 위해 노력하면서 큰 성과를 거두고 있어. 그중 부탄과 감비아, 모로코의 이야기를 소개할게.

부탄의 탄소 중립

부탄은 이미 탄소 중립을 이루었어. 나라 전체에서 해마다 탄소를 150만 톤 배출하지만 전체 국토의 70퍼센트 이상이 보호구역으로 지정된 숲이라 약 600만 톤의 탄소를 흡수하거든. 게다가 거의 모든 전력을 강을 이용해 수력 발전으로 생산하고 있어.

모로코의 청정에너지

2030년까지 전체 전력 중 52퍼센트를 재생에너지로 생산한다는 목표를 세운 모로코는 청정에너지에 많이 투자하고 있어. 그중에서도 세계 최대 규모인 누르와르자자트 태양광 발전소가 대표적이야. 축구장 3,500개 크기인 이 발전소에서는 대도시 2개에서 사용할 만큼 많은 전력을 만들고 있단다.

감비아의 기후 행동

감비아는 환경오염 물질이 배출되는 양을 줄이기 위해 가장 강력한 정책을 펴는 나라 중 하나야. 서아프리카에서 가장 큰 태양광 발전소를 세워 재생에너지의 사용량을 늘렸어. 또한 1,000제곱킬로미터에 달하는 숲과 맹그로브 숲, 열대초원을 되살리고, 메탄이 새어 나오는 것을 줄이기 위해 물에 잠긴 논에서 물을 빼내는 사업을 진행했지.

아직 남은 과제

다음 나라들은 해결하지 못한 문제를 위해 조금 더 노력해야 해.

러시아 : 환경오염 물질 배출
브라질 : 삼림 파괴
카타르 : 환경오염
이란 : 기후 행동 약속
사우디아라비아 : 화석연료

생활 속 실천 방법 셋

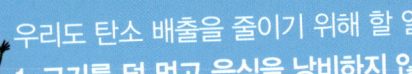

우리도 탄소 배출을 줄이기 위해 할 일이 있단다.
1. 고기를 덜 먹고 음식을 낭비하지 않기.
2. 차를 타는 대신 걷거나 자전거 타기.
3. 쓰지 않는 전자 제품의 플러그를 뽑아 에너지 절약하기.

찾아보기

가뭄 6, 7, 20, 21, 24, 25, 29
광합성 12
그린란드 22, 23
극지방 6, 22, 23, 26,
기후변화에 관한 정부 간 협의체 6, 7, 12, 14, 16, 18, 24, 28, 29, 30
남극 22, 23
누르와르자자트 태양광 발전소 32
대서양 22, 24, 26
메탄 8, 9, 23, 28, 29, 32
멕시코만류 26
북극 8, 22, 23
빙하 23, 26, 27
사막 25
산불 7, 16, 17, 24, 25, 29
서식지 17, 23, 25
석유 8, 9, 10, 11, 23, 28
석탄 10, 11
세계은행 15, 21
수력발전 32
수증기 8
습지 8, 12, 13, 17
시추공 21
아마존 13
아산화질소 8

열대초원 32
열대우림 13
영구동토층 8, 23
온실가스 6, 8, 10, 11, 18, 23, 24, 29
왓어웨이스트(What a Waste) 15
유엔(UN) 7, 30, 31
이산화탄소 6, 8, 10, 11, 12, 17, 22, 23, 29, 30
인공위성 27
재생에너지 32
저수지 20, 21
전구강수관측(GPM) 27
정지궤도 환경위성 27
제트기류 26, 27
조림 12
지구온난화 6, 8, 10, 11, 16, 18, 20, 22, 24, 25, 28
카타르 국영 에너지 회사 9
카팅안프로젝트 17
탄소 11, 12, 13, 15, 28, 31, 32
탄소 중립 28, 30, 32
태양광 발전소 32
태풍 6, 7, 24, 29
토네이도 25
폭염 6, 24, 31
프로더모 21
해빙 22

해초 9, 13
홍수 6, 7, 18, 19, 24, 26, 29, 31
화석연료 8, 9, 10, 14, 29, 31, 32

글 | 게리 베일리
캐나다에서 태어나 대학에서 역사를 공부했으며, 중학교에서 학생들을 가르치기도 했습니다. 어린이를 위해 다양한 분야의 책을 많이 펴냈으며, 특히 과학과 역사를 재미있게 전달하는 책을 쓰고 있습니다. 현재 영국에서 활발히 활동 중입니다.

그림 | 엘리사 로치
이탈리아 볼로냐에서 태어났습니다. 어릴 때부터 그림 그리기와 이야기 짓기를 좋아했고, 볼로냐의 예술 고등학교와 예술 아카데미에 다니면서 그림 기법을 닦았습니다. 현재 밀라노에서 살며 어린이 책의 삽화를 그리고 있습니다.

옮김 | 김영선
서울대학교 영어교육과를 졸업하고, 미국 코넬대학교에서 문학 석사 학위를 받았으며 언어학 박사 과정을 수료했습니다. 2010년 《무자비한 윌러비 가족》으로 IBBY(국제아동도서위원회) 어너리스트(Honour List) 번역 부문의 상을 받았습니다. 어린이와 청소년을 위한 책을 우리말로 옮기는 일에 힘쓰며 지금까지 200여 권을 번역했습니다. 옮긴 책으로 《제로니모의 환상 모험》, 《구덩이》, 《수상한 진흙》, 《수요일의 전쟁》 등이 있습니다.

감수 | 윤순진
서울대학교 환경대학원 교수이며 한국환경사회학회 회장과 지속가능발전위원회 위원장을 역임하였습니다. 환경 에너지 문제와 기후변화 문제를 환경사회학과 정치경제학적 관점에서 연구하고 있으며, 국내외 학술지에 200여 편의 논문을 게재했고 60여 권의 국영문 단행본 출간에 공저자로 글을 발표하였습니다.

슬기로운 지구 생활
01 기후 행동

초판 1쇄 인쇄 2022년 5월 4일 **초판 1쇄 발행** 2022년 5월 25일

글쓴이 게리 베일리 **그린이** 엘리사 로치 **옮긴이** 김영선 **감수** 윤순진
펴낸이 김선식

경영총괄 김은영
어린이사업부총괄이사 이유남
어린이콘텐츠사업6팀장 윤지현 **어린이콘텐츠사업6팀** 강별
어린이디자인팀 남희정 남정임 이정아 김은지 최서원
어린이마케팅본부장 김창훈 **어린이마케팅1팀** 임우섭 최민용 김유정 송지은 **어린이 마케팅2팀** 문윤정 이예주
저작권팀 한승빈 김재원 이슬
경영관리본부 하미선 이우철 박상민 윤이경 김재경 최완규 이지우 김혜진 오지영 김소영 안혜선 김진경
물류관리팀 김형기 김선진 한유현 민주홍 전태환 전태연 양문현
외부스태프 편집 홍효은 디자인 러비

펴낸곳 다산북스 **출판등록** 2005년 12월 23일 제313-2005-00277호
주소 경기도 파주시 회동길 490 **전화** 02-704-1724 **팩스** 02-703-2219
다산어린이 카페 cafe.naver.com/dasankids **다산어린이 블로그** blog.naver.com/sdasan
용지 한솔피엔에스 **인쇄** 한영문화사 **제본** 대원바인더리 **코팅 및 후가공** 평창피앤지

ISBN 979-11-306-8892-3 74400 979-11-306-8891-0 (세트)

* 책값은 표지 뒤쪽에 있습니다.
* 파본은 본사와 구입하신 서점에서 교환해 드립니다.
* KC마크는 이 재품이 공통안전기준에 적합하였음을 의미합니다.

All Together : Climate Action
Copyright © 2021 BrambleKids Ltd
Korean translation copyright © 2022 Dasan Books
Korean translation rights arranged with BrambleKids Ltd through LENA Agency, Seoul.
All rights reserved.

이 책의 한국어판 저작권은 레나 에이전시를 통한 저작권자와 독점계약으로 다산북스가 소유합니다.
신저작권법에 의하여 한국 내에서 보호를 받는 저작물이므로 무단 전재 및 복제를 금합니다.